Muchas clases de aves

por Andrea Emerson

 HOUGHTON MIFFLIN   BOSTON

¡Buuu! ¡Buuu!

¿Qué tipo de ave es ésta? Es un cárabo lapón. Vive en el bosque.

Muchos tipos de búhos duermen todo el día. Salen de caza por la noche. Pero no el cárabo lapón. Le gusta cazar durante el día.

Un cárabo lapón puede encontrar un pequeño animal con sólo escucharlo. Este gran búho excava la nieve para cazar un diminuto animal que puede oír.

¡Cua, cua, cua!

¿Qué tipo de ave es ésta? Es un pato.
Los patos pasan mucho tiempo en el agua.
Sus patas anchas los ayudan a nadar.

Los patos encuentran gran parte de su comida en el agua o cerca de ella. Estos patos buscan en el estanque semillas, algas, tallos, insectos, caracoles y huevos de peces para comer.

Mamá pata lleva a sus patitos a nadar.
Se asegura de que naden cerca de ella. Se
sienten felices en el agua.

¡Cro, cro!

¿Qué tipo de ave es ésa? Es un loro.

Hay muchas clases de loros.

La mayoría de ellos vive en las selvas.

¡Azul! ¡Rojo! ¡Verde! ¡Amarillo!
Los loros pueden ser de muchos colores
distintos. ¿Puedes adivinar cómo los ayuda
a estar seguros el color de sus plumas?

Algunas aves grandes cazan loros para comer. Pero un ave grande puede pensar que un loro es una flor por sus colores llamativos. Entonces el ave grande no tratará de agarrar al loro.